SIGUIENDO
A JESUS

7 FUNDAMENTOS PARA
SEGUIR A JESÚS

SAMUEL DEUTH

Traducción de Danah Hernández

CONTENIDO

FOLLOWINGJESUSBOOK.COM

Acércate a Dios y Dios se acercará a ti.

–James 4:8 (NLT)

SIGUIENDO A JESÚS
UNA NUEVA VIDA

Por lo tanto, si alguno está en Cristo, es una nueva creación.
¡Lo viejo ha pasado, ha llegado ya lo nuevo!
-2 Corintios 5:17 (NVI)

La decisión más importante que puedes hacer en esta vida es elegir a quién seguirás. Esta decisión determinará la calidad de vida en la tierra y en la vida postrera. ¡No existe una mejor vida que aquella que se vive siguiendo a Jesús! Es una vida en la que rindes todo, y al hacer esto, te encuentras con mucho más de lo que tuviste antes. Una de las personas a quien Jesús puso a cargo de la Iglesia cuando ésta recién comenzó fue un hombre llamado Pablo. Él tenía un historial de vida bastante impresionante, pero no había experimentado genuinamente la plenitud hasta que tuvo un encuentro con Jesús y decidió seguirlo. Esto es lo que él dijo:

Sin embargo, todo aquello que para mí era ganancia, ahora lo considero pérdida por causa de Cristo. Es más, todo lo considero pérdida por razón del incomparable valor de conocer a Cristo Jesús, mi Señor. Por él lo he perdido todo, y lo tengo por estiércol, a fin de ganar a Cristo.
-Filipenses 3:7-8 (NVI)

Las personas están constantemente buscando la felicidad y la plenitud, ¡pero únicamente al decidir seguir a Jesús podremos caminar en todo lo que él tiene para nosotros! Es por esto que la Biblia es tan específica acerca de declarar a Jesús como nuestro Señor. No es suficiente solamente creer que él es real; debes decidir seguirlo.

¿QUÉ SIGUE?

Como seguidor de Jesús desde hace muchos años, conozco de primera mano el valor de tener a alguien que te ayude a caminar en tu fe, es por eso que creamos este libro, para ayudarte con los pasos fundamentales al elegir seguir a Jesús.

La Biblia es el libro que habla exhaustivamente acerca de seguir a Jesús, y este libro está diseñado para ser una guía rápida para tus próximos siete pasos esenciales en tu caminar con él. Cada capítulo explicará una de los aspectos claves que necesitas saber y te mostrará cómo ponerlos en práctica. Al final de cada capítulo encontrarás versículos adicionales que puedes utilizar si deseas estudiar el tema con mayor profundidad.

Antes de exponer esos pasos, quisiera hablar acerca de una verdad fundamental del corazón y del carácter de Dios en la cual están basadas tanto la Biblia entera así como tu relación con Jesús.

"DIOS TE AMA Y QUIERE ESTAR CERCA DE TI"

A medida que desarrollas tu relación con Dios, es importante saber que Él no está tolerándote o lidiando contigo, ni tampoco tratando de deshacerse de ti; Él ha hecho todo con tal de estar cerca de ti. Dios nos ama y quiere estar con nosotros. Dios no pudo mantenerse distante ni siquiera cuando pecamos. Él quiere una relación con nosotros por toda la eternidad. Para Él no es suficiente un vínculo distante; Él quiere estar cerca de nosotros.

Desde el principio de los tiempos, Dios caminó con quienes ama, así lo hizo cuando pasó tiempo con Adán y Eva en el Jardín del Edén. Y fue porque Dios los amaba que les dio la opción de amarle de vuelta. Aun en el jardín perfecto ellos decidieron desobedecer a Dios y pecaron. Después de que el pecado creó distancia entre Dios y la humanidad, el plan para traernos de vuelta a Él entró en acción, y se encuentra plasmado en este icónico versículo:

Porque tanto amó Dios al mundo que dio a su Hijo unigénito, para que todo el que cree en él no se pierda, sino que tenga vida eterna.
-Juan 3:16 (NVI)

Dios podría haberse distanciado, pero en su lugar dejó todo para estar con nosotros. Antes de que Jesús viniera, la presencia de Dios se experimentaba únicamente por el Sumo Sacerdote cuando atravesaba el velo hacia lo que se llamaba el lugar santísimo. Este velo representaba la separación entre Dios y la humanidad. Como puedes imaginarte, ¡a Dios no le agradaba eso! Reconozcamos que el deseo del corazón de Dios es eliminar cualquier cosa que se interponga entre nosotros, y dejemos que la realidad y la emoción del siguiente versículo nos impacten:

Entonces Jesús volvió a gritar con fuerza, y entregó su espíritu.
En ese momento la cortina del santuario del templo se rasgó en dos,
de arriba abajo.
-Mateo 27:50-51 (NVI)

¡EN ESE MOMENTO! Qué maravilloso. Dios tomó el primer momento que tuvo para acercarse a nosotros. Hizo así una fuerte declaración a todas las personas: ahora todos eran bienvenidos a acercarse a Él. Tiempo después, uno de los grandes líderes de la Iglesia escribió uno de mis versículos favoritos en la Biblia:

Acérquense a Dios, y él se acercará a ustedes.
-Santiago 4:8 (NVI)

A través de Jesús hoy podemos acercarnos nuevamente a Dios. Jesús ha lidiado ya con el pecado y la transgresión que nos mantenían lejos de Dios. La Biblia dice que la paga del pecado es muerte. Hay un precio que tiene que ser pagado, y a través del sacrificio perfecto de Jesús esa deuda ha sido cancelada.

La Biblia dice que Jesús dio su vida "en rescate por muchos". Me encanta la palabra rescate; significa recuperar algo agresivamente. El pecado nos tenía cautivos por el diablo y esclavos a sus caminos; pero Jesús dejó el cielo, vino a la tierra y con su muerte en la cruz, él nos rescató, nos liberó del control del enemigo para estar nuevamente cerca de él.

En el último libro de la Biblia vemos otro ejemplo del deseo de Dios de estar cerca de nosotros con esta invitación abierta hecha por Jesús:

Mira que estoy a la puerta y llamo. Si alguno oye mi voz y abre la
puerta, entraré, y cenaré con él, y él conmigo.
-Apocalipsis 3:20 (NVI)

Al seguir a Jesús, nunca olvides cuánto es que él te ama y quiere estar cerca de ti. La invitación de Jesús no está basada en nuestra perfección o en nuestra habilidad para hacer las cosas de la manera correcta. Es por la gracia de Jesús que la invitación a acercarnos está disponible.

¡Más que nada, oro por que este libro te anime a acercarte a Dios!

¿HAS TOMADO LA DECISIÓN?

Antes de continuar, quiero darte la oportunidad de responder a la siguiente pregunta "¿Quién es el líder de mi vida?". Si ya has declarado a Jesús como ese líder, ¡excelente! ¡Entra de lleno al libro! Si no es así, ¿por qué esperar? En Romanos 10:9-10 dice que si declaramos que Jesús es el Señor, seremos salvos. Si estás listo para darlo todo y seguir a Jesús, comienza con esta ferviente oración:

"Jesús, gracias por morir en la cruz por mis pecados, y resucitar para darme vida. Me arrepiento de mis pecados y vuelvo a ti. Hoy elijo seguirte con todo mi corazón, por el resto de mi vida. ¡Yo creo en ti y declaro que tú eres el líder y Señor de mi vida! ¡Gracias por perdonarme y por caminar conmigo a partir de hoy! Amén".

SIGUIENDO JESUS EXTRAS

Descubra todo lo que Dios tiene para usted con nuestras guías de video complementarias y devocionales.
FOLLOWINGJESUSBOOK.COM/EXTRAS

DESAFÍO DEL CAPÍTULO

ESTUDIA:
Estos son algunos versículos clave que dan una visión general de la creación de Dios y la salvación final de la humanidad.

Dios nos creó:
Génesis 1:27, Salmo 139:13-14

Dios nos ama:
Jeremías 31:3, Juan 3:16, 1 Juan 3:1

Nuestro pecado/desobediencia:
Génesis 3, Romanos 3:23, Romanos 6:23

El sacrificio de Jesús/la Cruz:
Lucas 9:22, Hebreos 9:22, 1 Pedro 3:18

Nuestra decisión/arrepentimiento:
Romanos 10:9-13, Hechos 16:29-31

Su gracia/perdón:
Efesios 2:8-9, Romanos 5:1-2

Vivir en Cristo/seguir a Cristo:
Juan 10:10, Romanos 8:37-39, Mateo 5:16, Lucas 9:23

Su reino/la Iglesia:
Efesios 1:17-23, Mateo 6:33, 1 Corintios 12:12-31

El cielo/la eternidad:
Juan 14:1-6, Hebreos 4:14, Filipenses 3:20, 2 Corintios 5:7-10

CAPÍTULO 1

ORACIÓN Y ADORACIÓN

Estén siempre alegres, oren sin cesar, den gracias a Dios en toda situación, porque esta es su voluntad para ustedes en Cristo Jesús.

-1 Tesalonicenses 5:16-18 (NVI)

La vida cristiana no se trata solamente de conocer y de hacer; se trata de estar con Jesús. Antes de enfocarnos en hábitos, prácticas o rutinas específicas, debemos darnos cuenta de que seguir a Jesús inicia simplemente con el hecho de pasar tiempo con él. ¿Cuánto tiempo? La respuesta no puede ser reducida a una serie de reglas a seguir. Por ejemplo, imagina que le digo a un esposo que la mejor manera de conocer a su esposa es pasar tiempo con ella, a lo que él responde "¿cuánto tiempo tengo que pasar con ella?" Esa respuesta sería considerada descortés y muy insensible para una relación.

No sólo necesitamos pasar tiempo con Dios para desarrollar nuestra relación, sino que increíblemente, ¡eso es lo que Él también desea! Dios quiere pasar tiempo con nosotros.

Pasar tiempo con Jesús no es nada más la manera en la que desarrollamos nuestra relación con él, sino que en nuestra esencia estamos diseñados para tener una relación con nuestro Padre y Creador. Sin Él, viviríamos una vida mediocre y estaríamos constantemente persiguiendo otras cosas para sentirnos plenos.

Estamos diseñados para conocer a Dios, para amarlo, caminar con Él y adorarlo. Cuando Jesús estaba en la tierra alguien le preguntó "¿cuál es el mandamiento más importante?". Podemos leer su respuesta en Mateo.

Maestro, ¿cuál es el mandamiento más importante de la ley? ☒ *"Ama al Señor tu Dios con todo tu corazón, con todo tu ser y con toda tu mente"* —*le respondió Jesús*—.
-Mateo 22:36-39 (NVI)

La prioridad más grande es amar a Dios con todo lo que tenemos. Si Dios no es el centro de nuestra vida, de nuestra adoración, y de nuestro trabajo, nada tendrá sentido. Todo fluye de una manera más efectiva una vez que ponemos a Jesús en el centro de nuestras vidas. Hay otra historia de la Biblia en Lucas 10, que nos enseña la gran importancia de pasar tiempo con Jesús.

Mientras iba de camino con sus discípulos, Jesús entró en una aldea, y una mujer llamada Marta lo recibió en su casa. Tenía ella una hermana llamada María que, sentada a los pies del Señor, escuchaba lo que él decía. Marta, por su parte, se sentía abrumada porque tenía mucho que hacer. Así que se acercó a él y le dijo: Señor, ¿no te importa que mi hermana me haya dejado sirviendo sola? ¡Dile que me ayude! Marta, Marta —le contestó Jesús—, estás inquieta y preocupada por muchas cosas, pero solo una es necesaria. María ha escogido la mejor, y nadie se la quitará.
-Lucas 10:38-42 (NVI)

Es importante notar que Jesús dice que sólo una cosa es necesaria; él califica el pasar tiempo con él como nuestra meta más importante. Ésta debería ser la prioridad de nuestras vidas. Muchas veces como Marta nos encontramos distraídos y alejados, pero lo más importante es pasar tiempo con Jesús.

Pero, ¿cómo logramos esto? ¿Qué quiere decir "pasar tiempo con Jesús" si él no está físicamente caminando en la tierra? Pasamos tiempo con Dios a través de la oración, la adoración, leyendo la Biblia, y a través del Espíritu Santo. En este capítulo nos enfocaremos en la oración y la adoración.

ORACIÓN

Una de las mejores maneras de entender la oración es verla como la acción de hablar con Dios. Es una conversación que es recíproca;

tú le hablas a Dios y Dios te habla a ti. A través de la oración tenemos acceso a Su presencia y poder. Muchos cristianos se conforman con menos de lo que Dios quiere para ellos porque no dedican tiempo a orar.

ESCUCHANDO LA VOZ DE DIOS

Una de las preguntas más importantes, y regularmente la más común, es "¿Cómo escuchar a Dios cuando Él habla?" Una de mis escrituras favoritas que nos da una pista para saber cómo hacer esto, se encuentra en 1 Samuel:

Samuel, que todavía era joven, servía al SEÑOR bajo el cuidado de Elí. En esos tiempos no era común oír palabra del SEÑOR, ni eran frecuentes las visiones. Elí ya se estaba quedando ciego. Un día, mientras él descansaba en su habitación, Samuel dormía en el santuario del SEÑOR, donde se encontraba el arca de Dios. La lámpara de Dios todavía estaba encendida. El SEÑOR llamó a Samuel, y este respondió: Aquí estoy.
-1 Samuel 3:1-4 (NVI)

Puedes ver en estos versículos que Samuel se posicionó en un lugar donde Dios pudiera hablarle. Muchas veces nos encontramos como Elí en esta historia, distraídos, ocupados, y lejos de la presencia de Dios. ¿Puede Dios hablar más fuerte que el ruido en nuestras vidas? Sí, pero generalmente nos pide que silenciemos nuestras vidas y nos inclinemos para escuchar su voz.

He descubierto que mientras más tiempo paso hablando con Dios y escuchándolo, puedo discernir mejor si Dios me está hablando o no. Es parecido a la habilidad que tenemos de identificar las voces de nuestros padres o hijos a lo lejos. Es porque hemos pasado suficiente tiempo con ellos que podemos reconocer sus voces por encima de las demás.

Mis ovejas oyen mi voz; yo las conozco y ellas me siguen.
-Juan 10:27 (NVI)

Cuando pases tiempo con Dios, ora; habla con Dios, y después aparta un tiempo para escuchar y escribir lo que sientas que Él está diciendo. Dios puede elegir hablarte con voz audible, pero generalmente nos habla en nuestro espíritu. Así que no lo escuchas con tus oídos, lo escuchas con tu espíritu. En ocasiones querrá darte instrucciones específicas acerca de algo, ¡o tal vez quiera solamente reafirmar su amor por ti!

El saber lo que dice la Biblia es una enorme guía para aprender a reconocer cuándo Dios está hablándote. Dios nunca te dirá nada que contradiga Su palabra. En la etapa inicial de tu caminar con Jesús, si sientes que Dios está diciéndote que hagas algo extremo, te recomiendo muchísimo que lo compartas con un cristiano maduro. Ellos podrán ayudarte a procesarlo, y así no tomarás un paso equivocado por inmadurez. Pero, ¡si Dios está hablándote, responde de manera rápida y total!

"LA ORACIÓN ES EL MAYOR PRIVILEGIO DE LA HUMANIDAD"

Dios nos llama también a orar en representación de su voluntad en la tierra. El primer propósito de la oración es el desarrollar nuestra relación con Dios, pero eso no es todo. Dios nos llama a dedicarnos a la oración. La Biblia dice que la oración del justo es poderosa y efectiva. Dios elige trabajar a través de Su Espíritu y de nuestras oraciones.

En Ezequiel 22, Dios estaba buscando alguien que se pusiera en la brecha en nombre de una ciudad para que pudiera ser salva, pero tristemente, dice que no encontró a nadie.

Busqué a alguien que pudiera reconstruir la muralla de justicia que resguarda al país. Busqué a alguien que se pusiera en la brecha de la muralla para que yo no tuviera que destruirlos, pero no encontré a nadie.
-Ezequiel 22:30 (NTV)

Dios está buscándonos a ti y a mí para que nos pongamos en la brecha y oremos por personas, ciudades, y países. El reino de Dios avanza en las oraciones de su pueblo. No pienses que nuestras oraciones no importan o que no logran mucho. De hecho, es lo contrario; nuestras oraciones son poderosas y esenciales para que la obra de Dios siga avanzando. Cuando Jesús caminó en la tierra, primero llamó a doce discípulos a seguirlo. Ellos le pidieron a Jesús que les enseñara a orar; esto es lo que él dijo:

"Cuando oren, no sean como los hipócritas, porque a ellos les encanta orar de pie en las sinagogas y en las esquinas de las plazas para que la gente los vea. Les aseguro que ya han obtenido toda su recompensa. Pero tú, cuando te pongas a orar, entra en tu cuarto, cierra la puerta y ora a tu Padre, que está en lo secreto. Así tu Padre, que ve lo que se hace en secreto, te recompensará. Y al orar, no hablen solo por hablar como hacen los gentiles, porque ellos se imaginan que serán escuchados por sus muchas palabras. No sean como ellos, porque su Padre sabe lo que ustedes necesitan antes de que se lo pidan. Ustedes deben orar así: "Padre nuestro que estás en el cielo, santificado sea tu nombre, venga tu reino, hágase tu voluntad en la tierra como en el cielo. Danos hoy nuestro pan cotidiano. Perdónanos nuestras deudas, como también nosotros hemos perdonado a nuestros deudores. Y no nos dejes caer en tentación, sino líbranos del maligno".
-Mateo 6:5-15 (NVI)

Jesús nos deja muchas grandiosas enseñanzas en estos versículos acerca de la oración. Déjame compartirte algunos pensamientos para rápidamente entender lo que Jesús quiere que veamos.

La manera de acercarnos es importante: (Padre nuestro, Tú eres Santo) Cuando ores, acércate a Dios con asombro y reverencia por Su grandeza y el hecho de que Él es un padre amoroso. Es importante darle el honor que se merece, porque la manera en que veas a Dios, determinará tu habilidad para tener fe en que Él responderá. Si ves a Dios como a alguien pequeño, vas a orar en una medida pequeña, ¡pero si tú lo ves como el Dios todopoderoso y omnipotente, orarás en una mayor medida y esperarás más!

Haz Su propósito lo primero: (Que se haga Tu voluntad) Muchas personas vienen a Dios rogando y solamente pidiendo lo que ellos quieren, en lugar de trabajar con Dios en oración para que Su voluntad se haga en la tierra. Si oras por el cumplimiento de la voluntad de Dios, te darás cuenta de que Dios tiene cuidado de tus necesidades y deseos.

Haz una petición: (Danos el pan nuestro cada día)
Nunca tengas pena de pedirle a Dios lo que necesitas. A Él le encanta proveer y responder a nuestras peticiones. Jesús dice que no tenemos porque no pedimos.

Pide perdón: (Perdónanos como nosotros perdonamos)
Es muy importante que nos demos cuenta de cuánto es que hemos sido perdonados, para que así continuemos dando perdón a otros. Confiesa tus propios pecados de manera rápida y sé pronto para ofrecer perdón a otros cuando te han herido.

Pide dirección y protección: (Dirígenos, líbranos)
Dios quiere dirigir nuestras vidas, pero no lo hace de una manera impositiva. Él espera que nosotros nos inclinemos y pidamos. Quiere que nosotros le busquemos y caminemos con Él.

Tu Padre y Salvador espera con ansias la próxima vez que tú decidas pasar tiempo con Él. No ores sólo por los alimentos o cuando estés en la iglesia. Dios quiere escuchar de ti cada día. ¡Nuestro mundo necesita desesperadamente que te coloques en la brecha y ores porque Su voluntad sea hecha en la tierra!

ADORACIÓN

Una de mis formas favoritas de pasar tiempo con Dios es a través de la adoración. Si quieres experimentar la presencia de Dios, comienza a adorar. Una parte clave de mis tiempos de oración incluye escuchar música de adoración, cantar y ¡exaltar el nombre de Jesús! Uno de los grandes guerreros y adoradores en la Biblia fue el rey David. Me encanta su corazón por la adoración:

*Aclamen alegres al SEÑOR, habitantes de toda la tierra; adoren
al SEÑOR con regocijo. Preséntense ante él con cánticos de júbilo.
Reconozcan que el SEÑOR es Dios; él nos hizo, y somos suyos. Somos su*

pueblo, ovejas de su prado. Entren por sus puertas con acción de gracias; vengan a sus atrios con himnos de alabanza; denle gracias, alaben su nombre. Porque el SEÑOR es bueno y su gran amor es eterno; su fidelidad permanece para siempre.
-Salmo 100:1-5 (NVI)

La adoración alinea nuestro corazón con el Suyo. Crea una pista de aterrizaje para la presencia de Dios en nuestra vida. Como un helicóptero cuando busca la letra H para aterrizar, la adoración pone un blanco de neón en nuestra vida que invita a la presencia de Dios y su poder a aterrizar.

En tiempos de adoración muchas veces tendremos un mayor sentido de la presencia de Dios, pero la adoración no es sólo una respuesta a sentirnos bien, o algo que solamente hacemos cuando queremos. La adoración es algo que hacemos a pesar de las circunstancias o nuestras emociones. A menudo, tomarte unos momentos para adorar, levantar tus manos y cantar, impactará enormemente tu vida y el sentir de tu corazón.

ENFRENTA CON ADORACIÓN

Junto con la oración, la adoración posee una doble naturaleza poderosa. Por un lado, crea la atmósfera perfecta para conectarnos con Dios, y por otra parte, es usada también como una manera de luchar en contra de las obras del enemigo.

Después de consultar con el pueblo, Josafat designó a los que irían al frente del ejército para cantar al SEÑOR y alabar el esplendor de su santidad con el cántico: «Den gracias al SEÑOR; su gran amor perdura para siempre». Tan pronto como empezaron a entonar este cántico de alabanza, el SEÑOR puso emboscadas contra los amonitas, los moabitas y los del monte de Seír que habían venido contra Judá, y los derrotó.
-2 Crónicas 20:21-22 (NVI)

No importa la circunstancia por la que estés pasando, ¡enfréntala con adoración! Tan pronto empezaron a adorar, Dios comenzó a obrar. En tu vida, cuando estés enfrentando una situación difícil, detente, toma un tiempo para adorar a Dios, y mira cómo empieza a moverse en tu situación. La adoración es potente, desata el poder de Dios, tranquiliza y silencia tu corazón para que puedas escuchar a Dios hablarte.

DESAFÍO DEL CAPÍTULO

ESTUDIA:

¿Qué dice la Biblia acerca de la oración y acción de gracias?
1 Tesalonicenses 5:16-18

_____

¿Por qué nos pide Dios orar? Salmo 2:8

_____

¿Cómo debemos orar? Lucas 18:1-8

_____

¿Qué dice Jesús acerca del ayuno? Mateo 6:16-18

_____

¿A quién adoramos? Lucas 4:8

_____

¿De qué es digno Dios, de acuerdo al Salmo 96:1-10?

_____

PONLO EN PRÁCTICA:
- Aparta tiempo diariamente para orar.
- Ora por 15 minutos, poco a poco aumenta el tiempo.
- Crea una lista de adoración, y adora a Dios fuera de los servicios de la iglesia.
- Ora por otros y por la gracia de Dios en tu ciudad.

CAPÍTULO 2

LA BIBLIA

Tu palabra es una lámpara a mis pies; es una luz en mi sendero.
-Salmo 119:105 (NVI)

¿No sería estupendo tener un medio para escuchar de Dios directamente y que nos diera un manual en base al cual vivir? La buena noticia es que eso es exactamente lo que es la Biblia. Si has escuchado de la Biblia pero nunca la has leído, puede ser que no hayas notado lo asombrosa que es. La Palabra de Dios es el mejor libro que existe, lleno de las mejores prácticas para la humanidad.

Cuando aplicamos estos principios, prácticas y mandamientos de la Biblia, nuestras vidas crecen, avanzan y sobresalen en todos los sentidos. Pero lo más importante es que la Biblia es la Palabra de Dios. Es Su presencia y Su corazón. Dios no te amará más si lees la Biblia, y no te amará menos si no lo haces. No leemos la Biblia porque tengamos que hacerlo, leemos la Biblia porque sabemos que es la Palabra de Dios y Su corazón para nosotros directamente.

La Biblia:
La Biblia revela quién es Dios.
La Biblia nos muestra quiénes somos nosotros.
La Biblia establece nuestro propósito.

DIOS QUIERE HABLARTE

Cuando leo la Biblia recuerdo lo que dice Dios acerca de quién soy yo. Como padre, muchas veces les digo a mis hijas que no importa lo que alguien más diga, ellas sólo necesitan recordar que es lo que yo digo acerca de ellas. De la misma manera, cuando el mundo o incluso tus propios pensamientos tratan de destruirte, solamente regresa al Libro. Recuerda lo que Dios dice de ti.

Ten paciencia en el proceso de desarrollar nuevos hábitos y pensamientos. Este es uno de los mayores retos que las personas enfrentan al tratar de seguir a Jesús. Ellos dicen "Bueno, lo intenté y no funcionó". Cuando alguien dice esto, significa que se volvieron impacientes mientras esperaban a que se dieran los resultados o a que creciera la "cosecha".

NUESTRAS VIDAS NECESITAN ESTAR ALINEADAS

Frecuentemente un carro dejará de estar alineado y el vehículo empezará a temblar mientras se conduce, lo cual puede causar mucho daño. La realidad es que por causa del pecado, nuestras vidas se encuentran desalineadas. Para que nuestra vida deje de "temblar" debemos alinearla con la manera en la que Dios hace las cosas, lo cual podemos encontrar en la Biblia. A menudo, en el mundo en el que vivimos la gente quiere modificar la Biblia para que encaje en su vida, en lugar de transformar su vida para alinearse con la Palabra de Dios. La Biblia habla de esto en Romanos 12.

No se amolden al mundo actual, sino sean transformados mediante la renovación de su mente. Así podrán comprobar cuál es la voluntad de Dios, buena, agradable y perfecta.
-Romanos 12:2 (NVI)

El mundo tiene un modelo y Dios tiene un modelo. Nuestra vida funciona mejor y encuentra la realización plena cuando seguimos el modelo de Dios. Es importante entender que este proceso de realineación toma tiempo. Es un proceso de transformación a través de la renovación de nuestra mente para permitirnos pensar del modo en que Dios piensa.

Uno de los aspectos más desafiantes para los nuevos cristianos es que a pesar de que han tomado la decisión de seguir a Jesús, sienten que nada está mejorando como ellos lo esperaban. Ellos están experimentando el proceso de ser transformados.

La calidad de nuestra vida es básicamente el resultado de la calidad de nuestros pensamientos y de cómo reaccionamos a tales pensamientos. Al leer la Palabra de Dios y aplicarla en nuestra vida, el modo en el que pensamos y actuamos poco a poco se irá pareciendo más a la forma en que Jesús piensa y actúa. Es entonces cuando vemos nuestras vidas transformadas. Rara vez es una "solución" de la noche a la mañana; por lo general siempre es un proceso de cambio a través del tiempo.

Alinear nuestra vida con la Palabra de Dios no se trata solamente de ir a la reunión de la iglesia los domingos, se trata de toda nuestra vida. Cuando Jesús nos llama a seguirlo, no estamos entrando a un club, estamos eligiendo un nuevo líder para nuestra vida.

SIGUIENDO LA BIBLIA

Uno de los indicadores principales de nuestro amor y agradecimiento por lo que Jesús ha hecho por nosotros, es la obediencia a su palabra. No podemos decir que amamos a Jesús y luego desobedecer lo que él dice. Debemos dar nuestra vida entera en obediencia a su palabra.

Nunca experimentaremos la vida que Dios tiene para nosotros si limitamos el seguir a Jesús con el "llenar el requisito de ir a la iglesia los domingos". Ir a los servicios de la iglesia es una parte esencial de madurar como seguidor de Cristo, pero debemos seguir a Jesús de lunes a sábado también. Permite que la Palabra de Dios establezca el modelo para cada área de tu vida. Comienza con los siguientes versículos:

FE
"Ama al Señor tu Dios con todo tu corazón, con todo tu ser y con toda tu mente" —le respondió Jesús—. Este es el primero y el más importante de los mandamientos.
-Mateo 22:37-38 (NVI)

RELACIONES
No hagan nada por egoísmo o vanidad; más bien, con humildad consideren a los demás como superiores a ustedes mismos. Cada uno debe velar no solo por sus propios intereses, sino también por los intereses de los demás.
-Filipenses 2:3-4 (NVI)

DINERO

Porque el amor al dinero es la raíz de toda clase de males. Por codiciarlo, algunos se han desviado de la fe y se han causado muchísimos sinsabores.
1 Timoteo 6:10 (NVI)

EDUCACIÓN

La vara de la disciplina imparte sabiduría, pero el hijo malcriado avergüenza a su madre.
-Proverbios 29:15 (NVI)

SEXUALIDAD

La voluntad de Dios es que sean santificados; que se aparten de la inmoralidad sexual; que cada uno aprenda a controlar su propio cuerpo de una manera santa y honrosa, sin dejarse llevar por los malos deseos como hacen los paganos, que no conocen a Dios;
-1 Tesalonicenses 4:3-5 (NVI)

TRABAJO

Las manos ociosas conducen a la pobreza; las manos hábiles atraen riquezas.
-Proverbios 10:4 (NVI)

Estos versículos son solo algunos ejemplos acerca de cómo la escritura nos habla y nos dirige en cada área de nuestra vida. Seguir a Jesús requiere que frecuentemente cambiemos nuestras opiniones o las opiniones de la cultura para que obedezcan a la Palabra de Dios, pero al hacer eso, encontraremos la vida más plena y gratificante.

¡Es necesario obedecer a Dios antes que a los hombres! —respondieron Pedro y los demás apóstoles—.
–Hechos 5:29 (NVI)

LA VOLUNTAD DE DIOS ESTÁ EN SU PALABRA

Una de las grandes preguntas con las que la humanidad lucha es tratar de determinar cuál es la voluntad de Dios para sus vidas: ¿qué es lo que Dios quiere que yo haga? Muchos han intentado resolver estos cuestionamientos a su propia manera, pero si tratas de descubrir tu propósito fuera de Dios, no encontrarás la respuesta.

La gran noticia es que Dios le da a la humanidad algunas declaraciones de propósito, de una manera general. Estas pautas pueden guiar los grandes límites de nuestras vidas. A veces Dios hablará de una manera muy específica, pero la mayoría de las veces nos deja las decisiones cotidianas a nosotros y nos invita a trabajar con él.

Si estás preguntándote cuál es tu propósito, comienza con las instrucciones que hay en la Palabra de Dios para toda la humanidad y básate en ello. Si lo que estás haciendo no está cumpliendo las siguientes declaraciones, entonces no estás cumpliendo tu propósito.

1. PARA TENER UNA RELACIÓN CON DIOS

¿Por qué existimos? ¿Para qué fuimos creados? Si no tenemos la respuesta a estas preguntas, no tenemos un fundamento sobre el cual construir nuestras vidas. Solamente los seguidores de Jesús tienen las respuestas, como se resalta en este versículo:

Porque todas las cosas proceden de él, y existen por él y para él.
¡A él sea la gloria por siempre! Amén.
-Romanos 11:36 (NVI)

Nosotros existimos primero que nada para tener una relación con Dios y vivir una vida que lo glorifique a Él. Puedes descansar al saber que eres amado y valorado por Dios.

2. PARA MULTIPLICAR LO QUE NOS ES DADO

Dios nos dio vida y nos encomienda hacer lo mismo. Este versículo al inicio de Génesis prepara el terreno para uno de los principales propósitos de la humanidad.

y los bendijo con estas palabras: Sean fructíferos y multiplíquense; llenen la tierra y sométanla; dominen a los peces del mar y a las aves del cielo, y a todos los reptiles que se arrastran por el suelo».
-Génesis 1:28 (NVI)

La Biblia dice que la tierra es del Señor y parte de nuestro propósito es guardarla y administrarla. Sí, cuidar del planeta Tierra es un mandato dado por Dios. Esto no quiere decir que no podemos tocarla o usarla, la Biblia nos anima a que utilicemos todos sus recursos. Dios también espera que mejoremos todo lo que nos da. Esto significa, prácticamente, que cuidemos el mundo que se nos ha dado: nuestro lugar de trabajo, familia, comunidad, país, y cada área de nuestra vida. Multiplica y haz crecer lo que se te ha dado.

3. PARA BRINDAR AMOR A TODOS

El versículo siguiente reafirma nuestro propósito principal de amar a Dios y tener una relación con Él, pero también nos da otro mandamiento básico proveniente del cielo:

"Ama al Señor tu Dios con todo tu corazón, con todo tu ser y con toda tu mente" —le respondió Jesús—. Este es el primero y el más importante de los mandamientos. El segundo se parece a este: "Ama a tu prójimo como a ti mismo".
-Mateo 22:37-39 (NVI)

¡Ama a tu prójimo! ¡Esto es muy importante! La mayor parte del tiempo esto es sencillo, pero raramente nos llevamos bien con todos. Jesús nos ama incondicionalmente y dio su vida por nosotros, y es por ello que Dios requiere que perdonemos a aquéllos que nos han hecho daño, y que amemos a todas las personas como extensión del amor que se nos ha mostrado.

4. PARA HACER DEL REINO DE DIOS UNA PRIORIDAD

A pesar de que Dios nos pone a cargo de la Tierra, Dios continúa teniendo un plan y propósito final que está trabajando en ella, y nos llama a que ese sea también nuestro enfoque principal:

Más bien, busquen primeramente el reino de Dios y su justicia, y todas estas cosas les serán añadidas.
-Mateo 6:33 (NVI)

Muchas veces pensamos como individuos desconectados de un plan mayor. Ahora como seguidores de Jesús, estamos llamados a hacer de Su reino nuestro propósito. Nuestra vida personal, familia, trabajo, talento y nuestro ministerio deben girar alrededor de cómo hacer que el Reino de Dios avance en la Tierra.

5. PARA COMPARTIR LAS BUENAS NUEVAS

En el plan original para la humanidad, en el Jardín del Edén, todos tenían una relación con Dios y lo amaban, pero después de que la humanidad pecó, esto causó una separación entre Dios y nosotros. A Dios le desagrada estar lejos de nosotros, por ello nos ha dado una misión clave mientras estamos en la tierra, compartir con todas las personas la salvación de nuestros pecados que está disponible a través de Jesús:

Por tanto, vayan y hagan discípulos de todas las naciones, bautizándolos en el nombre del Padre y del Hijo y del Espíritu Santo, enseñándoles a obedecer todo lo que les he mandado a ustedes. Y les aseguro que estaré con ustedes siempre, hasta el fin del mundo.
-Mateo 28:19-20 (NVI)

Hablaremos de esto un poco más adelante, pero es importante notar que esto no es una opción, es un mandamiento dado por Jesús. Esto no quiere decir que todos debemos convertirnos en predicadores, sin embargo, en el tiempo que tengamos de vida debemos guiar a la mayor cantidad posible de personas a Jesús.

Al filtrar toda nuestra vida con base en los propósitos celestiales para la humanidad, viviremos con más de la bendición de Dios en lo que hacemos, y viviremos plenos sabiendo que nuestra vida tiene significado y es parte del gran plan de Dios para la Tierra.

CÓMO LEER LA BIBLIA

Creo que la mejor manera de leer la Biblia, obteniendo el mayor valor posible, es usando un plan de lectura anual ligado al estudio bíblico, utilizando el acrónimo: S.O.A.P.

Primero, deberás seleccionar un plan de lectura de la Biblia. Yo recomiendo un plan que involucre leer toda la Biblia en un año. Mi plan favorito de un año se llama Life Journal Reading Plan (Plan de Lectura Diario de Vida). Está disponible en la aplicación Biblia App (que es la que yo utilizo), o puedes comprarlo en papel si prefieres ese método. Es un plan excelente que te llevará una vez a través del Antiguo Testamento y dos veces a través del Nuevo Testamento en el transcurso de un año. Normalmente tiene un par de capítulos del Antiguo Testamento, un Salmo/Proverbio, y un capítulo del Nuevo Testamento. ¡Te va a encantar! Al leer diariamente, utiliza este acrónimo que te ayudará a aplicar la palabra de Dios a tu vida.

S= SAGRADA ESCRITURA

Al ir leyendo, busca un versículo que sobresalga. Si un versículo destaca para mí, lo encierro en un círculo o hago una copia del versículo en mi teléfono y lo pongo en una nota, así puedo volver a leerlo después. Al terminar de leer, puedes escribir el versículo en la parte superior de la página o pegarlo en tu nota.

O= OBSERVACIÓN

Es un tiempo para escribir tus observaciones acerca de ese versículo en específico. ¿Qué es lo que ves? ¿Qué sientes que Dios está diciéndote al respecto? ¿Cuál parece ser el punto del versículo?

A= APLICACIÓN

Ahora escribe cómo aplicarás esto en tu vida. Hazte esta pregunta "¿Cómo puedo cambiar después de leer este versículo?"

P= PETICIÓN, ORACIÓN

Escribe una oración para ese día y relaciónala con el versículo que has leído.

MEMORIZACIÓN DE LAS ESCRITURAS

Memorizar versículos bíblicos no es algo obligatorio, pero lo recomiendo ampliamente. David dijo en el Salmo 119:11 "En mi corazón atesoro tus dichos para no pecar contra ti".

El tener versículos clave memorizados es poderoso. Cuando las presiones de la vida o el ataque del enemigo traten de venir en tu contra, tendrás el poder de la Palabra de Dios para combatirlos.

¡No te preocupes por memorizar la Biblia entera! En su lugar, mientras vas leyendo y encuentres versículos que para ti sobresalgan, escríbelos y memorízalos.

SÉ CONSTANTE

Quiero terminar este capítulo diciendo que por décadas he estado leyendo y aplicando la Biblia y aún me emociono al leerla todos los días. Mientras más tiempo pases en la Palabra de Dios, ¡más la amarás! Y mientras más la apliques, más verás tu vida transformada. Finalmente, al leer la Biblia profundizarás tu relación con Dios mucho más de lo que puedes imaginar.

DESAFÍO DEL CAPÍTULO

ESTUDIA:
¿Qué dicen Hebreos 4:12 y 2 Timoteo 3:16 acerca de la Biblia?

_____

¿Qué dice 2 Timoteo 3:16-17 acerca del uso de la Biblia?

_____

¿Qué dice Salmo 119:130 que la Palabra de Dios trae a tu vida?

_____

¿Cómo logramos vivir una vida pura? Salmo 119:9

_____

¿Qué dice Salmo 119:4 acerca de los mandamientos de Dios?

_____

PONLO EN PRÁCTICA:
- Comienza un plan de lectura esta semana.
- Pregúntate "¿Cómo puedo ser diferente?" cada vez que termines de leer.
- Memoriza un versículo.

CAPÍTULO 3

BAUTISMO EN AGUA

Por tanto, vayan y hagan discípulos de todas las naciones,
bautizándolos en el nombre del Padre y del Hijo y del Espíritu Santo,
-Mateo 28:19 (NVI)

Una de las primeras cosas que Jesús hizo al inicio de sus años en el ministerio fue ser bautizado en agua. Cuando somos salvos y nos convertimos en seguidores de Jesús, esta es una de las primeras cosas que debemos hacer también. Decidir seguir a Jesús es realmente una decisión interna del corazón, pero el bautismo en agua es una declaración pública de nuestra fe en Jesús.

El bautismo en agua es también un acto simbólico de alinearnos con la muerte de Jesús, su entierro y su resurrección. Cuando nos sumergimos en el agua nos identificamos con su muerte, y cuando salimos del agua nos identificamos con ser levantados a una nueva vida así como Jesús.

"EL BAUTISMO ES ARREPENTIMIENTO Y RENDICIÓN"

Ustedes la recibieron al ser sepultados con él en el bautismo. En él también fueron resucitados mediante la fe en el poder de Dios, quien lo resucitó de entre los muertos.
-Colosenses 2:12 (NVI)

Porque todos los que han sido bautizados en Cristo
se han revestido de Cristo.
-Gálatas 3:27 (NVI)

Es importante que el bautismo en agua no sea visto como un ritual cristiano. Leamos algunos versículos en Romanos 6 que nos brindan un mejor entendimiento de lo que significa el bautismo y porqué es una decisión tan poderosa:

¿Qué concluiremos? ¿Vamos a persistir en el pecado para que la gracia abunde? ¡De ninguna manera! Nosotros, que hemos muerto al pecado, ¿cómo podemos seguir viviendo en él? ¿Acaso no saben ustedes que todos los que fuimos bautizados para unirnos con Cristo Jesús en realidad fuimos bautizados para participar en su muerte? Por tanto, mediante el bautismo fuimos sepultados con él en su muerte, a fin de que, así como Cristo resucitó por el poder del Padre, también nosotros llevemos una vida nueva.
-Romanos 6:1-4 (NVI)

El bautismo es una declaración de que estamos muriendo a nuestra antigua manera de vivir y tomando la vida nueva de Jesús. No seremos perfectos o haremos todo bien, pero nuestro objetivo es abandonar el pecado y la desobediencia de nuestro pasado, y hacer nuestra meta el honrar a Dios y su Palabra.

Algunos tratan de seguir a Jesús sin abandonar su antigua vida de pecado. Como seguidor de Jesús no puedo continuar pecando y haciendo lo que me plazca o lo que yo sienta que es correcto. Como cristiano, los pensamientos de Dios, Su Palabra, y Su dirección deben ubicarse en el primer lugar de mis decisiones diarias.

Cuando Jesús llamó a sus discípulos, ellos dejaron todo para seguirlo. Cuando seguimos a Jesús, nos estamos sometiendo y rindiendo a él como el Señor de nuestra vida.

Dios elige trabajar con la humanidad para cumplir Su voluntad y comúnmente nos da la libertad de hacerlo de modo que podamos disfrutarlo; finalmente, debemos recordar que estamos siguiendo y sirviendo a Dios. Si mi manera de hacer las cosas entra en conflicto con lo que Dios dice, decido ahora seguir su manera de hacer las cosas.

SER BAUTIZADO EN AGUA

Puede que algunas personas que están leyendo esto hayan crecido en una iglesia en donde de niños les rociaron agua en su cabeza. Sin embargo, cuando la Biblia habla del bautismo se refiere a ser sumergidos totalmente en agua para identificarnos con la muerte y resurrección de Jesús. Cuando Jesús era niño sus padres lo llevaron a ser dedicado, pero no fue bautizado en agua hasta años después. De igual manera, si tú fuiste dedicado, o de niño rociaron agua en tu cabeza, eso está muy bien, pero el bautismo en agua es una decisión importante y personal que tomamos cuando somos lo suficientemente maduros para elegir seguir a Jesús.

El siguiente paso es conectarte con alguien en tu iglesia para saber cómo participar en el próximo bautismo en agua, o para fijar un día para ser bautizado. ¡Al seguir a Jesús este es un paso emocionante y poderoso!

DESAFÍO DEL CAPÍTULO

ESTUDIA:

¿Qué hizo Jesús antes de comenzar su ministerio público?
Mateo 3:13-16

¿Cuáles son las dos cosas que estamos llamados a hacer en respuesta
al evangelio? ¿Qué recibiremos? Hechos 2:38

¿De qué está acompañado el creer? Marcos 16:16

Cuando somos bautizados en agua, ¿en nombre de quién dice Jesús
que debemos ser bautizados? Mateo 28:19

PONLO EN PRÁCTICA:

- Si aún no has sido bautizado, contacta a tu iglesia local y fija
  un tiempo para ser bautizado.

- Invita a tu familia y amigos a acompañarte en este bautismo.

CAPÍTULO 4

EL ESPÍRITU SANTO

Ahora voy a enviarles lo que ha prometido mi Padre; pero ustedes quédense en la ciudad hasta que sean revestidos del poder de lo alto.
-Lucas 24:49 (NVI)

No podrás experimentar toda la presencia de Dios en la tierra separado del Espíritu Santo. El llamado que Dios tiene para ti está diseñado con el poder del Espíritu Santo en mente. Mira una de las primeras cosas que el Apóstol Pablo pregunta a un nuevo grupo de seguidores:

¿Recibieron ustedes el Espíritu Santo cuando creyeron? —les preguntó. No, ni siquiera hemos oído hablar del Espíritu Santo —respondieron Entonces, ¿qué bautismo recibieron? El bautismo de Juan. Pablo les explicó: El bautismo de Juan no era más que un bautismo de arrepentimiento. Él le decía al pueblo que creyera en el que venía después de él, es decir, en Jesús. Al oír esto, fueron bautizados en el nombre del Señor Jesús. Cuando Pablo les impuso las manos, el Espíritu Santo vino sobre ellos, y empezaron a hablar en lenguas y a profetizar.
-Hechos 19:2-6 (NVI)

No intentes seguir a Jesús y alcanzar tu propósito separado del Espíritu de Dios. Puede que te sorprenda que Jesús mismo dijera a sus discípulos que era mejor que él se fuera.

Pero les digo la verdad: Les conviene que me vaya porque, si no lo hago, el Consolador no vendrá a ustedes; en cambio, si me voy, se lo enviaré a ustedes.
-Juan 16:7 (NVI)

Jesús dice: Quiero estar contigo y fortalecerte. Sin embargo, como Dios había asumido las limitaciones de la humanidad en la forma de Jesús, él sólo podía estar en un lugar a la vez. Así que él dijo: Si me voy, puedo enviar mi Espíritu para que viva con todos, en todo lugar. No hay nada más reconfortante y acogedor que la presencia de Dios a través del Espíritu Santo.

Existen dos funciones primordiales del Espíritu Santo. El Espíritu Santo existe para cercanía y para poder. Primero hablemos de la cercanía. He hablado de este concepto a lo largo del libro: Dios quiere estar cerca de nosotros. El siguiente versículo habla acerca de la comunión del Espíritu Santo:

Que la gracia del Señor Jesucristo, el amor de Dios y la comunión del Espíritu Santo sean con todos ustedes.
-2 Corintios 13:14 (NVI)

Dios desea comunión, que es tanto amistad como colaboración. Al invitar a Dios a llenarte con Su Espíritu, recibirás un gran sentido de la presencia de Dios y Su amor por ti.

La otra función central del Espíritu Santo es proveer poder para cumplir tu propósito, lo cual juega un papel en el gran plan de Dios en la tierra. Esto es lo que Jesús dijo a sus discípulos antes de dejar la tierra.

Una vez, mientras comía con ellos, les ordenó: No se alejen de Jerusalén, sino esperen la promesa del Padre, de la cual les he hablado: Juan bautizó con agua, pero dentro de pocos días ustedes serán bautizados con el Espíritu Santo. Pero, cuando venga el Espíritu Santo sobre ustedes, recibirán poder y serán mis testigos tanto en Jerusalén como en toda Judea y Samaria, y hasta los confines de la tierra.
-Hechos 1:4-5, 8(NVI)

Recibirás poder para ser un testigo de Jesús. Al comenzar a caminar con el Espíritu Santo, él te hablará y te dará poder para ser un testigo en lo que digas y hagas.

Cuando llegó el día de Pentecostés, estaban todos juntos en el mismo lugar. De repente, vino del cielo un ruido como el de una violenta ráfaga de viento y llenó toda la casa donde estaban reunidos. Se les

*aparecieron entonces unas lenguas como de fuego que se repartieron
y se posaron sobre cada uno de ellos. Todos fueron llenos del Espíritu
Santo y comenzaron a hablar en diferentes lenguas, según el Espíritu les
concedía expresarse.*
-Hechos 2:1-4 (NVI)

VIVIR POR EL ESPÍRITU SANTO

El Espíritu Santo, al llenar y estar en cada creyente, es el
cumplimiento total del deseo de Dios de ser Emanuel, Dios con
nosotros. Al vivir en la tierra tenemos acceso al Espíritu Santo. Él
quiere proveernos de sabiduría, consejo, poder, confort, dirección
y amistad. Cuando aprendemos a seguir la guía del Espíritu Santo
somos más plenos y más efectivos. El Espíritu Santo nos guía también
a vivir una vida que honra a Dios. A continuación, algunos versículos
que describen lo que nuestras vidas comienzan a producir al seguir al
Espíritu, en lugar de nuestra voluntad:

*Así que les digo: Vivan por el Espíritu, y no seguirán los deseos de
la naturaleza pecaminosa. Porque esta desea lo que es contrario al
Espíritu, y el Espíritu desea lo que es contrario a ella. Los dos se
oponen entre sí, de modo que ustedes no pueden hacer lo que quieren.
Pero, si los guía el Espíritu, no están bajo la ley. Las obras de la
naturaleza pecaminosa se conocen bien: inmoralidad sexual, impureza
y libertinaje; idolatría y brujería; odio, discordia, celos, arrebatos de
ira, rivalidades, disensiones, sectarismos y envidia; borracheras, orgías,
y otras cosas parecidas. Les advierto ahora, como antes lo hice, que los
que practican tales cosas no heredarán el reino de Dios. En cambio,
el fruto del Espíritu es amor, alegría, paz, paciencia, amabilidad,
bondad, fidelidad, humildad y dominio propio. No hay ley que condene
estas cosas. Los que son de Cristo Jesús han crucificado la naturaleza
pecaminosa, con sus pasiones y deseos. Si el Espíritu nos da vida,
andemos guiados por el Espíritu.*
-Gálatas 5:16-25 (NVI)

Si vamos a seguir a Jesús, tenemos que aprender a escuchar y
obedecer la voz y guía del Espíritu Santo. Jesús nos dirige a través de su

Palabra y su Espíritu. Al caminar con el Espíritu Santo comenzaremos a mostrar el fruto del Espíritu que Gálatas nos revela.

PODER SOBRENATURAL

Puede que hayas escuchado o experimentado del poder sobrenatural de Dios. Todo esto es hecho a través del poder del Espíritu Santo obrando a través de los humanos.

Nosotros no tenemos el poder de sanar a las personas o de liberarlos de la opresión; pero cuando eres lleno del Espíritu Santo, hay ahora un poder disponible para nosotros. Incluso Jesús no hizo milagros hasta que fue bautizado en agua y el Espíritu Santo vino sobre él:

Ustedes conocen este mensaje que se difundió por toda Judea, comenzando desde Galilea, después del bautismo que predicó Juan. Me refiero a Jesús de Nazaret: cómo lo ungió Dios con el Espíritu Santo y con poder, y cómo anduvo haciendo el bien y sanando a todos los que estaban oprimidos por el diablo, porque Dios estaba con él.
-Hechos 10:37-38 (NVI)

El mundo en el que tú y yo vivimos está sufriendo y necesita desesperadamente del amor y del poder de Dios. Es por ello que Él quiere empoderarte con su Espíritu, para traer vida a donde quiera que vayas.

SER LLENO DEL ESPÍRITU SANTO

Estos, al llegar, oraron por ellos para que recibieran el Espíritu Santo, porque el Espíritu aún no había descendido sobre ninguno de ellos; solamente habían sido bautizados en el nombre del Señor Jesús. Entonces Pedro y Juan les impusieron las manos, y ellos recibieron el Espíritu Santo.
-Hechos 8:15-17 (NVI)

Cuando era adolescente, ser lleno del Espíritu Santo fue algo que cambió mi habilidad para conocer y seguir a Jesús. En la mayoría de las historias en la Biblia los creyentes recibieron al Espíritu Santo cuando alguien impuso sus manos sobre ellos. Existen también reportes de personas siendo llenos con tan sólo escuchar la Palabra de Dios hablada.

Si tú quieres todo lo que Dios tiene para ti y estás listo para recibir al Espíritu Santo que Él provee para nosotros, acércate a tu pastor o a otro seguidor de Jesús, maduro y lleno del Espíritu, y pídeles que oren contigo para ser llenado. Puedes también simplemente abrir tu corazón y pedirle a Dios que te llene con Su Espíritu.

Pues, si ustedes, aun siendo malos, saben dar cosas buenas a sus hijos, ¡cuánto más el Padre celestial dará el Espíritu Santo a quienes se lo pidan!
-Lucas 11:13 (NVI)

DONES DEL ESPÍRITU

Cuando somos llenos del Espíritu Santo, nos son dados dones espirituales que profundizan nuestro caminar con él e incrementan nuestra efectividad como la Iglesia. El Apóstol Pablo nos describe muchos de los diferentes dones disponibles para nosotros como seguidores de Jesús.

Ahora bien, hay diversos dones, pero un mismo Espíritu. Hay diversas maneras de servir, pero un mismo Señor. Hay diversas funciones, pero es un mismo Dios el que hace todas las cosas en todos.

A cada uno se le da una manifestación especial del Espíritu para el bien de los demás. A unos Dios les da por el Espíritu palabra de sabiduría; a otros, por el mismo Espíritu, palabra de conocimiento; a otros, fe por medio del mismo Espíritu; a otros, y por ese mismo Espíritu, dones para sanar enfermos; a otros, poderes milagrosos; a otros, profecía; a otros, el discernir espíritus; a otros, el hablar en diversas lenguas; y a otros, el interpretar lenguas. Todo esto lo hace un mismo y único Espíritu, quien reparte a cada uno según él lo determina.
-1 Corintios 12:4-11 (NVI)

Los diferentes dones que Dios nos da a través del Espíritu Santo existen para edificar el cuerpo de Cristo. Cuando abrimos nuestra vida para ser usada por Dios, el colaborará con nosotros y nos dará poder.

Pablo habla acerca de uno de los dones del Espíritu Santo que edifica nuestro espíritu y nos acerca al corazón de Dios, cuando señala en 1 Corintios 14:4 "El que habla en lenguas se edifica a sí mismo". Este lenguaje de oración o "lengua" es poderoso para desarrollar cercanía con Dios y poder en la oración.

RÍNDETE, PERO NO TE DETENGAS

Aunque el Espíritu Santo está presente para guiar y dirigir a los creyentes, Dios nos ha dado poder y nos ha comisionado a nosotros para tomar dominio en la tierra y para cumplir lo que nos ha dicho en Su Palabra. No necesitamos sentarnos y esperar a que el Espíritu Santo nos diga lo que ya está escrito en la Biblia.

Ríndete de tal manera que puedas decir "Voy dar todo para lograr el propósito de Dios, pero mantengo mi corazón sensible para escuchar y ajustarlo si el Espíritu Santo me habla". Toma tiempo diariamente para orar en el Espíritu, ¡así estarás equipado y animado para hacer todo lo que Jesús desea que hagas!

DESAFÍO DEL CAPÍTULO

ESTUDIA:
¿Qué les dijo Jesús a los discípulos que esperaran? Hechos 1:4-5

En Juan 14:26, ¿Cómo es llamado el Espíritu Santo?

¿Qué recibiremos cuando venga el Espíritu Santo? Hechos 1:8

¿Cómo nos ayuda el Espíritu Santo cuando no sabemos qué orar? Romanos 8:26-27

Después de arrepentirnos, ¿Qué dice Hechos 2:38 que recibiremos?

De acuerdo a Juan 16:13 ¿A qué nos guiará el Espíritu Santo?

PONLO EN PRÁCTICA:
- Antes de leer la Biblia, invita al Espíritu Santo a revelarte la verdad en los versículos que vas leyendo.

- Si no has sido bautizado en el Espíritu Santo como lo describe la Biblia, acércate a tus pastores y pídeles que oren contigo para recibir este bautismo.

- Si ya has sido lleno del Espíritu Santo, sé intencional acerca del uso de los dones espirituales que el Espíritu Santo te ha dado.

CAPÍTULO 5

LA IGLESIA

...y sobre esta piedra edificaré mi iglesia; y las puertas del infierno no prevalecerán contra ella.
—Mateo 16:18 (RVA)

Cuando los seguidores de Cristo se unen, somos llamados la Iglesia. Como parte de la iglesia encontramos nuestra comunidad y nuestra misión. Me encanta cómo se lee Efesios 1:20-23 en la versión Traducción en lenguaje actual; nos brinda uno de los mejores ejemplos del propósito y potencial de la iglesia:

Dios resucitó a Cristo y le dio un lugar en el cielo, a la derecha de su trono; con ese mismo poder, Dios le dio a Cristo dominio sobre todos los espíritus que tienen poder y autoridad, y sobre todo lo que existe en este mundo y en el nuevo mundo que vendrá. Dios puso todas las cosas bajo el poder de Cristo, y lo nombró jefe de la Iglesia. Cristo es, para la Iglesia, lo que la cabeza es para el cuerpo. Con Cristo, que todo lo llena, la Iglesia queda completa.
-Efesios 1:20-23 (TLA)

EN COMUNIDAD

Dios nos diseñó para necesitarnos los unos de los otros; vivimos mejor cuando estamos juntos. Estamos diseñados para vivir en comunidad con otras personas. La Biblia comúnmente señala el poder de la comunidad.

Más valen dos que uno, porque obtienen más fruto de su esfuerzo. Si caen, el uno levanta al otro. ¡Ay del que cae y no tiene quien lo levante!
-Eclesiastés 4:9-10 (NVI)

La Biblia también habla del valor de reunirnos constantemente como la Iglesia y nos recuerda permanecer fieles en unidad como iglesia.

Preocupémonos los unos por los otros, a fin de estimularnos al amor y a las buenas obras. No dejemos de congregarnos, como acostumbran hacerlo algunos, sino animémonos unos a otros, y con mayor razón ahora que vemos que aquel día se acerca.
-Hebreos 10:24-25 (NVI)

CON UNA MISIÓN

El libro de Efesios nos muestra que Jesús tiene un propósito y plan por cumplir en la tierra. Cuando vamos más allá de seguir a Jesús por nuestra cuenta y nos conectamos con otros cristianos en su Iglesia, nos convertimos en parte de una gran misión que Dios está cumpliendo en el planeta.

La Iglesia tiene la misión de extender el mensaje de salvación a través de Jesús, hasta que todo el mundo lo sepa.

SER LA IGLESIA

Nosotros no sólo "vamos a la iglesia", sino que debemos ser la iglesia. Hoy, técnicamente, el lugar al que acudimos semanalmente para crecer, adorar a Dios y animarnos los unos a los otros es llamado iglesia. Sin embargo, se trata también de "ser" la iglesia cada día de nuestra vida.

Como seguidores de Jesús, reunirnos con otros creyentes es una preparación esencial para ser la iglesia, pero esa no debería ser toda nuestra experiencia espiritual. Si todo lo que hacemos es asistir a un servicio de la iglesia una vez por semana, pero no estamos viviendo para Jesús y extendiendo el alcance de su presencia más allá del domingo, entonces no estamos siguiendo a Jesús completamente. Al reunirnos hay poder. Nosotros somos el cuerpo de Cristo: la extensión del corazón y propósito de Jesús en la tierra.

CONECTARSE

Una de las maneras más seguras de mantener nuestra vida sana y conectada a Jesús, es rodearnos de otros seguidores de Jesús. Es por ello que involucrarnos en un grupo local de cristianos es tan esencial y beneficioso para nuestra vida.

El compromiso y camaradería que tenemos con otros seguidores de Jesús son algo muy especial. Como la Iglesia estamos llamados a alcanzar y amar a la comunidad de la que somos parte, por ello la mayoría de las iglesias tienen programas de alcance a la comunidad, con los cuales es estupendo conectarse.

Otra oportunidad de crecimiento puede ser el unirse a un grupo de conexión. Por lo general son reuniones pequeñas con personas de tu iglesia donde estudian juntos la Biblia y se animan los unos a otros en un ambiente más casual y sociable.

Entiendo que unirte a un grupo de personas que tal vez no conozcas puede ser incómodo, pero este ambiente de un grupo pequeño será invaluable para ayudarte a aprender y aplicar la Palabra en tu vida. Nuestras amistades realmente o nos edifican o nos destruyen, y conectar nuestra vida a otros seguidores de Jesús es algo vital.

LA EXPERIENCIA DE UN SERVICIO EN LA IGLESIA

Cada iglesia en la que participes puede tener una sensación ligeramente diferente o una forma distinta de planificar el tiempo de reunión, pero aquí hay varios elementos que comúnmente experimentarás durante un servicio en la iglesia.

Adoración/Cantos

Algo poderoso sucede cuando nos reunimos: adorar y cantar a Dios con otros seguidores de Jesús. Puede parecer anormal al principio, pero te recomiendo ampliamente que participes en la adoración; no te contengas. Jesús dio su vida por nosotros y merece ser alabado y adorado, además de que la adoración es literalmente una de las maneras más poderosas de acercarnos a Dios y sentir Su presencia.

Oración en público

Frecuentemente un pastor dirigirá a la iglesia en oración. No sólo observes, únete y conéctate con Dios también. Ora porque las necesidades de aquellos que te rodean sean suplidas.

Enseñanza de la Biblia

Uno de los valores principales de asistir a la reunión de la iglesia semanalmente es recibir una buena enseñanza bíblica. Debemos pasar tiempo a solas leyendo la Biblia, pero cuando somos nuevos creyentes, es importante el aprender y apoyarnos en otros cristianos que saben más de la Biblia que nosotros.

Diezmo/Ofrenda

En cada reunión de la iglesia habrá una oportunidad de dar. La Biblia nos llama a dar un diezmo, que es el 10% de todo lo que ganamos económicamente.

Hay dos razones principales por las cuales damos. Primero, todo lo que tenemos viene de Dios. Cuando le devolvemos un diezmo u ofrenda de lo que Él nos ha dado, afirmamos que Él es Señor de todo y la fuente de todo lo que necesitamos y tenemos. El dar es una declaración de nuestra confianza en Él. Segundo, lo que damos financia la obra de Jesús, la cual es dirigida por pastores y otros líderes del ministerio.

La presencia de Dios

A pesar de que la presencia de Dios está siempre con nosotros, existen momentos al reunirnos como iglesia en los cuales sentiremos de una manera más fuerte la presencia de Dios. Esto es porque no seguimos a un Dios distante, sino a un padre amoroso que desea estar con nosotros. Puedes esperar, al tomar tiempo para buscarlo e inclinarnos para recibir su palabra y presencia, que Él se acerque y te ministre. Hay tantos resultados tan estupendos provenientes de tiempos como estos, como por ejemplo, que Dios te de la sabiduría que has estado necesitando en una situación, que alguien sea sanado sobrenaturalmente, o que simplemente recibas paz sobreabundante de parte de Dios para recordarte que eres amado y que Él está contigo.

LIDERAZGO EN LA IGLESIA

La Biblia llama a la Iglesia un cuerpo, y Jesús es la cabeza de ese cuerpo:

Él es la cabeza del cuerpo,
que es la iglesia. Él es el principio,
el primogénito de la resurrección,
para ser en todo el primero.
-Colosenses 1:15-18 (NVI)

Dios también estableció otros roles de liderazgo debajo de Jesús dentro de la Iglesia. Estos son hombres y mujeres llamados específicamente a animar, fortalecer, corregir, y movilizar a otros creyentes para avanzar el Reino de Dios.

Él mismo constituyó a unos, apóstoles; a otros, profetas; a otros, evangelistas; y a otros, pastores y maestros, a fin de capacitar al pueblo de Dios para la obra de servicio, para edificar el cuerpo de Cristo. De este modo, todos llegaremos a la unidad de la fe y del conocimiento del Hijo de Dios, a una humanidad perfecta que se conforme a la plena estatura de Cristo.
-Efesios 4:11-13 (NVI)

El rol de los apóstoles, profetas, evangelistas, pastores y maestros es el de fortalecernos, equiparnos y animarnos en el sendero de seguir a Jesús.

En muchas áreas de nuestras vidas necesitamos instructores que nos mantengan enfocados en el camino de nuestros planes y metas. De igual manera los líderes que Jesús pone en la iglesia y en nuestra vida, están ahí como instructores también. Mientras más aceptemos su rol en nuestra vida, mayor será el fruto y plenitud que experimentaremos.

Algunos de los que están leyendo este libro pueden estar sintiendo un llamado hacia uno de estos roles de liderazgo en la iglesia. Es un honor enorme, pero que requiere de un gran sacrificio.

Obedezcan a sus dirigentes y sométanse a ellos, pues cuidan de ustedes como quienes tienen que rendir cuentas. Obedézcanlos a fin de que ellos cumplan su tarea con alegría y sin quejarse, pues el quejarse no les trae ningún provecho.
-Hebreos 13:17 (NVI)

DESAFÍO DEL CAPÍTULO

ESTUDIA:

¿Qué dice la Biblia que forman colectivamente los cristianos?
1 Corintios 12:12-31

¿Quién es la cabeza y líder de la Iglesia? Efesios 1:22

Examina algunos requisitos para los líderes de la iglesia explicados en 1 Timoteo 3.

PONLO EN PRÁCTICA:

- Si todavía no asistes a un servicio en una iglesia regularmente, comienza con encontrar una esta semana.

- Comprométete a asistir semanalmente, a menos de que no puedas asistir por razones de trabajo o vacaciones.

- Examina cómo tus habilidades y dones pueden ser de servicio e involúcrate en la vida de la iglesia.

CAPÍTULO 6

COMPARTIENDO TU FE

Vete a tu casa, a los de tu familia, y diles todo lo que el Señor ha hecho
por ti y cómo te ha tenido compasión.
-Marcos 5:19 (NVI)

Después de que Jesús fue crucificado y resucitó a los tres días,
pasó unos momentos finales con los discípulos explicando las direc-
ciones críticas para la misión de la Iglesia. Como puedes imaginarlo,
esas últimas conversaciones con Jesús serían cruciales para entender
qué seguía para sus seguidores y, finalmente, para todos nosotros
como su Iglesia.

Antes de que Jesús ascendiera al cielo, le dio a sus discípulos,
y a todos nosotros después de ellos, lo que ahora llamamos LA GRAN
COMISIÓN. Jesús les explicó la misión y los envió a cumplirla. Leamos lo que Jesús dice en estos versículos en Mateo 28:

Los once discípulos fueron a Galilea, a la montaña que Jesús les había
indicado. Cuando lo vieron, lo adoraron; pero algunos dudaban. Jesús
se acercó entonces a ellos y les dijo: ☒*Se me ha dado toda autoridad en el*
cielo y en la tierra. Por tanto, vayan y hagan discípulos de todas las na-
ciones, bautizándolos en el nombre del Padre y del Hijo y del Espíritu
Santo, enseñándoles a obedecer todo lo que les he mandado a ustedes. Y
les aseguro que estaré con ustedes siempre, hasta el fin del mundo.
-Mateo 28:16-20 (NVI)

Jesús los estaba comisionando para ir y compartir el mensaje del
amor de Dios, proclamando que la gracia de Jesús provee perdón de
nuestros pecados y nos acerca a Dios de nuevo.

Después de que los discípulos habían experimentado la gracia de Dios, ¡fueron instruidos a ir y compartir las buenas nuevas

con el mundo entero! Es verdad que no todos aceptarán el mensaje o estarán interesados en él. Algunos incluso serán perseguidos por compartirlo, pero cuando has recibido perdón y gracia, es imposible callar.

Imagina que en todo el mundo hay un brote de una enfermedad mortal que está matando a todos, pero tú has descubierto el antídoto que te curó totalmente de la enfermedad. ¿Te quedarías callado? ¿Compartirías esta respuesta? ¡Yo creo que trataríamos de decirles a todos lo que pudiéramos y compartirlo en la mayor medida posible!

En realidad eso es lo que nos ha pasado. Por el pecado, toda la humanidad tiene una enfermedad mortal. Creo que a veces olvidamos que la eternidad para alguien que no cree en Jesús, es el infierno, la cual es una eternidad dolorosa lejos de la bondad de Dios. Pero en Jesús tenemos la respuesta, ¿cómo no compartirla?

Nosotros amamos porque él nos amó primero.
-1 Juan 4:19 (NVI)

Por el amor y gracia de Jesús ahora podemos vivir libremente y llenos de esperanza. Con esa nueva vida que se nos ha dado, ¿cómo no extender esa esperanza a aquéllos que nos rodean? Lo más egoísta que podemos hacer después de recibir gracia, es no compartirla con otros.

Imagina que tú y yo hemos descubierto algo que nos provee un gozo interminable y que es completamente gratis, ¿no te gustaría compartirlo? ¿No sería triste vivir la vida con ese gozo, pero nunca compartirlo con aquéllos alrededor de ti que se encuentran sufriendo?

Es lo mismo con el evangelio. Hemos sido rescatados radicalmente por Jesús, completamente perdonados de nuestros pecados, y ahora tenemos una esperanza y seguridad de la eternidad con Jesús. Somos bendecidos con el favor y con todas las maravillosas promesas de Dios, ¡debemos compartir nuestra fe! Me encanta cómo estos versículos hablan del gran privilegio que tenemos de compartir nuestra fe:

Por lo tanto, si alguno está en Cristo, es una nueva creación. ¡Lo viejo ha pasado, ha llegado ya lo nuevo! Todo esto proviene de Dios, quien por medio de Cristo nos reconcilió consigo mismo y nos dio el ministerio

de la reconciliación: esto es, que en Cristo, Dios estaba reconciliando al mundo consigo mismo, no tomándole en cuenta sus pecados y encargándonos a nosotros el mensaje de la reconciliación.
-2 Corintios 5:17-19 (NVI)

¡Jesús nos ha comisionado con este hermoso mensaje de reconciliación! No hay mensaje más grande.

COMPARTIENDO TU FE

Entonces, ¿cómo compartimos nuestra fe? ¿Qué significa, y cómo podemos hacerlo de una manera efectiva? Es importante hacer notar que aunque es nuestro trabajo compartir nuestra fe con las personas, no podemos forzar a nadie a aceptar a Jesús. Toda persona debe tomar esa decisión por su propia cuenta.

Compartir nuestra fe es comúnmente llamado "evangelismo", pero ¿qué significa eso y cómo debemos hacerlo? En Marcos 5, Jesús había sanado y perdonado a un hombre. Ese hombre quería seguir a Jesús, pero Jesús le dio otras instrucciones, las cuales pienso son la mejor descripción de lo que significa compartir tu fe.

(Jesús dijo)
Vete a tu casa, a los de tu familia, y diles todo lo que el Señor ha hecho por ti y cómo te ha tenido compasión.
-Marcos 5:19 (NVI)

Compartir tu fe es simplemente contar la historia de cómo Jesús ha cambiado tu vida, y ayudar a alguien a conocer a Jesús.

En las etapas iniciales de seguir a Jesús, puede que no conozcas todas las palabras correctas para describir lo que ha pasado, pero puedes contarle a las personas que has experimentado el amor de Dios en una nueva manera y que quieres que conozcan ese amor también.

VIVIENDO TU FE

Lo mejor que puedes hacer para compartir tu fe es vivir tu fe. Tu vida no será perfecta, pero vive tu vida llena del amor de Dios de tal manera que sea atractiva para las personas y las haga preguntarse qué es lo que tú tienes. Al vivir nuestra vida, buscamos momentos para compartir acerca de este increíble amor y misericordia que hemos experimentado, y así podemos llevar a las personas a Jesús.

El llevar a alguien a Jesús, comienza con amarlos. La Biblia dice que Jesús vino a la tierra como respuesta a su amor por nosotros, no por obligación. Cuando compartimos nuestra fe con alguien, que sea por cariño, compasión, y amor por él o por ella. Esta no es una formalidad religiosa o la oportunidad de tratar de impresionar a alguien con tu espiritualidad.

Cuando era joven me enseñaron cómo compartir el evangelio y dirigir a alguien a Jesús al llevarlos a través de diversos versículos bíblicos. Veamos estos versículos y unos pensamientos clave para ayudarte a compartir tu fe.

1. DIOS NOS CREÓ Y NOS AMA

No somos un accidente, Dios nos creó y nos ama tanto. Ve al versículo que casi todos han escuchado al menos una vez, Juan 3:16. Este versículo muestra que Dios nos ama lo suficiente como para dar Su vida a cambio de la nuestra.

Porque tanto amó Dios al mundo que dio a su Hijo unigénito, para que todo el que cree en él no se pierda, sino que tenga vida eterna.
-Juan 3:16 (NVI)

2. EL PECADO NOS SEPARÓ DE ÉL

Explica que el pecado es lo que nos separó de Dios. Comenzó con Adán y Eva y continúa con nosotros hoy. El pecado es simplemente equivocarse, o desobedecer a Dios. Todos lo hemos hecho. Romanos 3:23 describe cómo todos hemos pecado y no hemos alcanzado el estándar que Dios tiene.

pues todos han pecado y están privados de la gloria de Dios
-Romanos 3:23 (NVI)

3. NUESTRO PECADO NECESITABA SER PAGADO

No solamente pecamos, sino que el costo del pecado era alto. De hecho el costo de nuestro pecado hacia Dios es tan alto que merecemos la muerte. Aun si tratáramos de pagar esta deuda o enmendar esta brecha causada por el pecado, no sería suficiente. Por eso es que Dios envió a Jesús. Merecemos muerte, pero Dios nos da el regalo de la vida eterna a través de Jesús. ¡Jesús pagó el precio por nuestros pecados! Jesús no solamente vino y pagó la deuda por nosotros, sino que lo hizo anticipadamente, sin importar que lo aceptáramos o no. Él no espera a que "arreglemos" nuestra vida, él nos ama, aun en medio de nuestro pecado.

Pero Dios demuestra su amor por nosotros en esto: en que cuando todavía éramos pecadores, Cristo murió por nosotros.
-Romanos 5:8 (NVI)

4. DIOS QUIERE UNA RELACIÓN CON NOSOTROS

Muchas personas asumen que Dios está enojado, que no los ama, o que no está interesado en ellos. A menudo las personas sienten como si Dios estuviera en el cielo solamente esperando a que los humanos cometan un error para castigarlos. Pero Dios prueba absolutamente lo contrario, cuando vemos en Juan 3:16 que envió a su único Hijo a pagar nuestra deuda. El siguiente versículo es maravilloso y muestra el corazón de Dios hacia nosotros.

Dios no envió a su Hijo al mundo para condenar al mundo, sino para salvarlo por medio de él.
-Juan 3:17 (NVI)

5. DECIDIR SEGUIR A JESÚS

La salvación y gracia a través de Jesús son un regalo gratuito. No es algo que ganamos, sino algo que recibimos. Romanos 10:9-10 explica cómo recibir gracia, perdón de pecados, y una relación restaurada con Dios. Los versículos señalan dos pasos: declarar y creer.

Debemos declarar que Jesús es Señor. Esto significa que estamos sometiendo nuestra vida a su liderazgo y dirección. También tenemos que creer en nuestro corazón que Jesús murió y resucitó por nosotros.

> si confiesas con tu boca que Jesús es el Señor y crees en tu corazón que Dios lo levantó de entre los muertos, serás salvo. Porque con el corazón se cree para ser justificado, pero con la boca se confiesa para ser salvo.
> -Romanos 10:9-10 (NVI)

6. LA ORACIÓN DE SALVACIÓN

A menudo nos ponemos nerviosos en esta parte porque podemos asumir que un pastor es más calificado para orar o que existe una fórmula exacta que seguir. En realidad, es muy simple y cualquier persona puede guiar a otra a través de esto.

La oración de salvación es básicamente una paráfrasis de los versículos en Romanos que han sido mencionados. Se trata de declarar y creer. Cuando le preguntes a la persona con la que estás hablando si está lista para hacer la decisión de seguir a Jesús, y dice que sí, entonces pídele que repita una sencilla oración después de ti. Aquí está un ejemplo:

"Dios, yo sé que me amas. También reconozco que he pecado y te pido perdón. Jesús, yo creo que tú moriste en la cruz por mi pecado y que resucitaste para darme vida. Hoy dejo mi pecado y vuelvo a ti, y recibo tu regalo de salvación. Hoy yo declaro que tú eres mi Señor, y decido seguirte a ti Jesús con todo lo que soy. Amén."

INVITAR Y TRAER

Además de contarles a las personas acerca de cómo Jesús ha cambiado tu vida, otra excelente manera para que las personas encuentren a Jesús es invitarlas a un evento o servicio de la iglesia contigo. A menudo esta puede ser una manera efectiva y persuasiva para que ellos vean y escuchen más acerca de Jesús, mientras que son presentados a la comunidad de otros seguidores de Jesús. Invita y trae contigo a tantos como puedas a una reunión de la iglesia. Es una manera poderosa de presentar a las personas a Jesús.

DIJERON QUE SÍ, ¿AHORA QUÉ SIGUE?

Una nota final acerca de la segunda parte de la Gran Comisión: primero, tenemos que ir y contarles a las personas acerca de Jesús, y segundo, debemos mostrar y enseñar a los nuevos cristianos cómo vivir de acuerdo a la Biblia. Esto se llama discipulado. El discipular es simplemente mostrarle a alguien cómo seguir a Jesús.

No tenemos que ser expertos para mostrarle a alguien cómo seguir a Jesús. Hablaré un poco más acerca de cómo discipular a alguien en nuestro capítulo final.

Dirigir a alguien a Cristo y mostrarle después cómo convertirse en un devoto seguidor de Jesús es una de las experiencias más gratificantes que tenemos como cristianos.

DESAFÍO DEL CAPÍTULO

ESTUDIA:
¿Cómo somos salvos? Efesios 2:8-9

_____

¿Para qué nos dará poder el Espíritu Santo? Hechos 1:8

_____

¿Qué tiene Dios que lleva a las personas al arrepentimiento? Romanos 2:4

_____

¿De qué manera Dios valida el evangelio? Hechos 14:3

_____

PONLO EN PRÁCTICA:
- Ora por tu ciudad para que sea salva.
- Comparte tu fe esta semana.
- Invita a alguien a asistir a la iglesia contigo.

CAPÍTULO 7

AMANDO A LAS PERSONAS

Así como yo los he amado, también ustedes
deben amarse los unos a los otros.
-Juan 13:34 (NVI)

Al terminar este estudio sobre seguir a Jesús, no puedo pensar en una mejor manera de finalizar que hablando acerca de la esencia de nuestro Salvador, la cual es amor.

La Biblia dice en 1 Juan 4:8 que "Dios es amor". El amor es una poderosa fuerza en la tierra. Cada vez que amamos a alguien mostramos el corazón y naturaleza del Señor al que seguimos. Nada es más atractivo que el amor. En el primer capítulo leímos acerca de Jesús diciéndonos que el más grande e importante mandamiento es amar a Dios con todo lo que somos, pero también él menciona esto:

El segundo se parece a este: "Ama a tu prójimo como a ti mismo".
-Mateo 22:39-40 (NVI)

Jesús nos recuerda que todo se trata de amar a Dios y amar a las personas. El amor genuino es la característica distintiva de un seguidor de Jesús.

Este mandamiento nuevo les doy: que se amen los unos a los otros. Así
como yo los he amado, también ustedes deben amarse los unos a los
otros. De este modo todos sabrán que son mis discípulos, si se aman los
unos a los otros.
-Juan 13:34-35 (NVI)

Jesús dice: como yo les he amado, así "deben" amarse los unos a los otros. Muchas veces sentimos que el amor debe ser merecido antes de ser dado. Pero como alguien que ha recibido la increíble gracia y el amor de Dios, ¿cómo no podríamos extender ese amor a otros?

PERDONAR

El perdón es un sello distintivo del cristianismo porque es un sello distintivo de Jesús. Jesús nos perdonó, así nosotros debemos perdonar a aquellos que pecan en contra de nosotros. Muchas personas viven vidas lastimadas porque retienen el perdón. Jesús cuenta la historia de un hombre que debía tanto que jamás sería capaz de pagar tal deuda. El rey le perdona toda la deuda y lo libera. Después ese hombre envía a su amigo a prisión por que le debía una pequeña cantidad. El rey, enojado, responde:

"Te perdoné toda aquella deuda porque me lo suplicaste. ¿No debías tú también haberte compadecido de tu compañero, así como yo me compadecí de ti?"
-Mateo 18:32-33 (NVI)

Tal vez alguien te deba algo por lo que ha hecho o lo que no ha hecho, pero nada se compara con el perdón que Jesús nos ha extendido. Dios espera que cancelemos la deuda o la ofensa de otros, así como Jesús lo hizo con nosotros.

AMOR EN ACCIÓN

Queridos hijos, que nuestro amor no quede solo en palabras; mostremos la verdad por medio de nuestras acciones.
-1 Juan 3:18 (NTV)

Nuestra naturaleza humana tiende a ser egoísta y egocéntrica, pero Dios nos llama a vivir una vida de amor. El amor es mucho más que un sentimiento. El amor es sacrificio, el amor es considerar las necesidades de los demás antes que las nuestras. El amor puede comenzar con palabras, pero debe ir más allá de las palabras a la acción.

Muchas veces el amar a tu prójimo como a ti mismo se traducirá en dar tu vida de alguna manera. Puede ser a través de tu tiempo, tu dinero, o tu sabiduría. Dios mismo fue más allá de las palabras cuando nos mostró su amor en la cruz. Juan 3:16 nos recuerda que Dios amó de tal manera que se DIO a sí mismo.

"NOS PARECEMOS MÁS A JESÚS CUANDO AMAMOS"

Al seguir a Jesús dediquémonos totalmente a amar a Dios y permitamos que el amor de Dios fluya a través de nosotros hacia el mundo que nos rodea. Dios está buscando apasionadamente a la gente que te rodea. Permite que Dios los ame a través de tu vida. Seguir a Jesús es una vida de amor. El amor nos llama a suplir las necesidades del mundo que nos rodea; y el amor nos constriñe a dirigir a las personas al único amor que realmente satisface: ¡el amor de Jesús!

Empéñense en seguir el amor
-1 Corintios 14:1 (NVI)

DESAFÍO DEL CAPÍTULO

ESTUDIA:
¿Qué cubre el amor? 1 Pedro 4:8

¿Dios esperó que hiciéramos lo bueno antes de amarnos?
Romanos 5:8

¿Qué intereses debes considerar primero? Filipenses 2:3-4

PONLO EN PRÁCTICA:
- ¡Toma un tiempo hoy para agradecerle a Dios su gran amor por ti!
- Toma un momento para pensar en las personas que te han herido y elige perdonarlas hoy.
- Piensa en alguien que necesite de tu ayuda. ¿Qué puedes hacer? ¿Hay alguna organización local a la que puedas dar o dónde puedas ser voluntario para mostrar el amor de Jesús?

ES TU TURNO

Ahora bien, ¿cómo invocarán a aquel en quien no han creído? ¿Y cómo
creerán en aquel de quien no han oído? ¿Y cómo oirán si no hay quien
les predique?
-Romanos 10:14 (NVI)

Un discípulo es un seguidor de Jesús, alguien comprometido con seguirlo a él y su camino. Después de leer este libro, estás listo para seguir tu camino como discípulo y seguidor de Jesús.

En un capítulo anterior, hablamos acerca del llamado a compartir nuestra fe y llevar a otros a Jesús. Cuando han respondido y aceptado a Jesús, necesitan ser discipulados, y debemos mostrarles cómo seguir a Jesús.

Esta es la segunda mitad de la gran comisión que Jesús emite en sus instrucciones finales a sus discípulos. Primero, vamos a todo el mundo con el mensaje, después debemos enseñar y mostrar a los nuevos creyentes cómo caminar esta nueva vida en Jesús, esta vida de amor.

EL DISCIPULADO ES CLAVE

Una de las parábolas que Jesús enseña habla de un sembrador que está plantando semillas en la tierra. Jesús explica que las semillas representan la Palabra de Dios y los diferentes tipos de suelo representan los corazones de las personas. La condición de la tierra determina el crecimiento de la semilla. El discipulado es esencial para ayudar a los nuevos creyentes a recibir y permitir que la semilla de la Palabra de Dios crezca hasta que sean creyentes fuertes y maduros.

El discipulado aísla a un nuevo creyente del ataque del enemigo, y ayuda a que las raíces lleguen a un lugar profundo que les permita resistir las tormentas. Si un nuevo converso no tiene raíces profundas, está en un mayor riesgo de apartarse.

pero, como no tienen raíz, duran poco tiempo. Cuando surgen problemas o persecución a causa de la palabra, en seguida se apartan de ella.
-Marcos 4:17 (NVI)

ES TU TURNO

Ahora que se te han mostrado algunos pasos iniciales y esenciales para seguir a Jesús, es tiempo de compartirlos con alguien más. Quiero animarte y retarte a responder de manera personal al llamado de Jesús de hacer discípulos. El discipulado no es sólo el rol del apóstol, del profeta, del evangelista, del pastor o del maestro, es el rol de cada creyente. Tal vez no te sientas listo para discipular a alguien más, pero con el Espíritu Santo, la Biblia, y este libro, confío en que lo harás extraordinariamente. Un nuevo seguidor de Jesús está esperando a que alguien se acerque y le muestre los primeros pasos de este viaje.

SÍGANME

Cuando Jesús llamó a los discípulos originales, simplemente les dijo "Síganme". Esta es realmente el fundamento de lo que significa discipular a alguien. El discipulado es enseñar de cerca a alguien mientras sigues a Jesús, no solamente decirle a alguien qué hacer desde la distancia. El apóstol Pablo también entendió esto y nos muestra otro perfil del discipulado.

Imítenme a mí, como yo imito a Cristo.
-1 Corintios 11:1 (NVI)

No necesitas tener todas las respuestas o un título en teología para discipular a alguien. La mejor manera de discipular a una persona es invitarla a tu mundo y mostrarle cómo seguir a Jesús. Esto puede realizarse con el ejemplo, y con el uso de los principios bíblicos que han sido señalados en este libro.

CÓMO DISCIPULAR A UN NUEVO CREYENTE

Enseñar a un discípulo de Jesús puede hacerse en tres etapas:

ELEGIR

El primer paso es identificar a quién vas a discipular. Puedes discipular a alguien a quien hayas llevado personalmente al Señor, a una nueva amistad que sea un nuevo creyente, o puedes preguntar a un pastor en tu iglesia si puede conectarte con alguien a quien discipular. Nota: la persona que elijas no tiene que ser un nuevo seguidor de Jesús. Muchas veces las personas han decidido años atrás seguir a Jesús, pero nunca se les ha mostrado cómo hacerlo.

DIRIGIR

Esta es la parte en donde tú les mostrarás cómo seguir a Jesús, al permitirles ver tu ejemplo personal y al guiarlos a través de los fundamentos para seguir a Jesús.

La razón por la que escribí este libro fue para proporcionar una guía de referencia rápida para el discipulado. Te animo a que fijes una reunión semanal con el nuevo discípulo durante 5-8 semanas, permitiéndote así trabajar a través del libro Siguiendo a Jesús. Establecer una reunión te ayudará a mantenerte constante ayudándolos a caminar en su nueva fe.

EJEMPLO DE REUNIÓN DE DISCIPULADO

Propósito:
* Brindarles los fundamentos de cómo seguir a Jesús.
* Apoyarlos en su nuevo viaje siguiendo a Jesús.
* Proveer de un espacio intencional para orar y responder preguntas.

Duración de la reunión:
* 5-8 semanas; al menos una vez por semana.

- Las reuniones pueden durar el tiempo que desees, pero intenta crear un espacio tanto para la conexión amistosa, así como para el elemento de enseñanza.

Ejemplo de agenda para la reunión:
- Pasen tiempo juntos.

- Invierte en ellos.

- Ambos lean con anticipación si es posible, o durante la reunión el capítulo de este libro correspondiente a esa semana.

- Responde o ayúdales a encontrar las respuestas a las preguntas que puedan tener respecto al capítulo, o de su diario vivir siguiendo a Jesús.

- Responde las preguntas de estudio adicionales juntos, si tienes tiempo.

- Anímales a realizar los desafíos.

- Ora con ellos cada semana.

Recursos:
- Biblia (en papel o digital)

- Libro Siguiendo a Jesús (en papel o versión digital)

- Café (o lo que ayude a crear un ambiente social)

- Puede que no tengas todas las respuestas, pero existen algunos lugares para encontrarlas:

  - o   Tu pastor

  - o   biblegateway.com

  - o   blueletterbible.com

  - o   Otro cristiano maduro

ENVIAR

¿Cuánto tiempo debemos comprometernos con alguien al proceso de discipulado? Esto variará dependiendo del individuo. Puede que Dios traiga a alguien a tu vida a quien animes y discipules por años, pero eso es inusual. Comienza con la idea de ayudar a alguien con los pasos iniciales para seguir a Jesús, y ve lo que Dios hace a partir de ahí.

El círculo completo y la meta del discipulado es que tú le muestres a un nuevo creyente cómo seguir a Jesús; él dirigirá a alguien nuevo a Jesús, y le mostrará a esa nueva persona cómo seguir a Jesús. El ciclo se repite hasta que el mundo entero sea alcanzado con las buenas nuevas acerca de la gracia y la vida en Jesús.

Una vez que los hayas guiado a través de este libro, anímales a que hagan lo mismo con alguien más. Nunca sabremos el impacto eterno que puede ocurrir al levantar y después enviar discípulos.

Jesús invitó a los discípulos a seguirlo, pero prometió hacerlos pescadores de otras personas. Entonces la meta de Jesús no era solamente alcanzarlos, sino también alcanzar a otros a través de ellos. Ocurre lo mismo para nosotros, así como fue para los doce discípulos originales. Jesús nos ha alcanzado, ¡y ahora junto a él, alcanzaremos al mundo!

QUE COMIENCE EL VIAJE...

Al terminar este tiempo juntos quisiera pedirte que continúes en lo que has aprendido y que sigas progresando cada vez más.

El seguir a Jesús es una vida llena de experiencias increíbles, cada una mejor que la anterior. Continúa caminando con Jesús, un paso a la vez, e invita a la mayor cantidad de personas a unirse a este viaje. Estoy orando por ti, ¡y Dios está contigo!

Por lo demás, hermanos, les pedimos encarecidamente en el nombre del Señor Jesús que sigan progresando en el modo de vivir que agrada a Dios, tal como lo aprendieron de nosotros. De hecho, ya lo están practicando.
-1 Tesalonicenses 4:1 (NVI)

SIGUIENDO JESUS EXTRAS

Descubra todo lo que Dios tiene para usted con
nuestras guías de video complementarias y devocionales.
FOLLOWINGJESUSBOOK.COM/EXTRAS

GUÍA DE RESPUESTAS

CAPÍTULO 1 | ORACIÓN Y ADORACIÓN

- P: ¿Qué dice la Biblia acerca de la oración y acción de gracias? 1 Tesalonicenses 5:16-18
  R: Oremos sin cesar, seamos agradecidos en toda situación
- P: ¿Por qué nos pide Dios orar? Salmo 2:8
  R: Por las naciones
- P: ¿Cómo debemos orar? Lucas 18:1-8
  R: Seamos persistentes y no nos rindamos
- P: ¿Qué dice Jesús acerca del ayuno? Mateo 6:16-18
  R: Hagámoslo de manera privada y con oración, para Dios, no para los demás
- P: ¿A quién adoramos? Lucas 4:8
  R: A Dios nuestro Señor
- P: ¿De qué es digno Dios, de acuerdo al Salmo 96:1-10?
  R: De adoración, alabanza y gloria

CAPÍTULO 2 | LA BIBLIA

- P: ¿Qué dicen Hebreos 4:12 y 2 Timoteo 3:16 acerca de la Biblia?
  R: La Biblia es viva y activa
- P: ¿Qué dice 2 Timoteo 3:16-17 acerca del uso de la Biblia?
  R: La Biblia es útil para enseñar, redargüir, corregir e instruir en justicia
- P: ¿Qué dice Salmo 119:130 que la palabra de Dios trae a tu vida?
  R: "La exposición de tus palabras nos da luz"

- P: ¿Cómo logramos vivir una vida pura? Salmo 119:9
  R: Viviendo de acuerdo a Su palabra
- P: ¿Qué dice Salmo 119:4 acerca de los mandamientos de Dios?
  R: Deben cumplirse fielmente

CAPÍTULO 3 | BAUTISMO EN AGUA

- P: ¿Qué hizo Jesús antes de comenzar su ministerio público? Mateo 3:13-16
  R: Ser bautizado por Juan
- P: ¿Cuáles son las dos cosas que estamos llamados a hacer en respuesta al evangelio? ¿Qué recibiremos? Hechos 2:38
  R: Arrepentirnos y ser bautizados; y recibimos al Espíritu Santo.
- P: ¿De qué está acompañado el creer? Marcos 16:16
  R: Del bautismo en agua
- P: Cuando somos bautizados en agua, ¿en nombre de quién dice Jesús que debemos ser bautizados? Mateo 28:19
  R: Somos bautizados en el nombre de Dios (Padre), el Hijo (Jesús), y el Espíritu Santo

CAPÍTULO 4 | EL ESPÍRITU SANTO

- P: ¿Qué les dijo Jesús a los discípulos que esperaran? Hechos 1:4-5
  R: La promesa del Espíritu Santo
- P: En Juan 14:26, ¿Cómo es llamado el Espíritu Santo?
  R: Nuestro ayudador
- P: ¿Qué recibiremos cuando venga el Espíritu Santo? Hechos 1:8
  R: Recibiremos poder

- P: ¿Cómo nos ayuda el Espíritu Santo cuando no sabemos qué orar? Romanos 8:26-27
  R: El Espíritu intercede por nosotros y nos ayuda

- P: Después de arrepentirnos, ¿Qué dice Hechos 2:38 que recibiremos?
  R: Arrepentirnos, ser bautizados, y recibiremos al Espíritu Santo

- P: De acuerdo a Juan 16:13 ¿A qué nos guiará el Espíritu Santo?
  R: A toda la verdad

CAPÍTULO 5 | LA IGLESIA

- P: ¿Qué dice la Biblia que forman colectivamente los cristianos? 1 Corintios 12:12-31
  R: La Iglesia

- P: ¿Quién es la cabeza y líder de la Iglesia? Efesios 1:22
  R: Jesús

- Examina algunos requisitos para los líderes de la iglesia explicados en 1 Timoteo 3.

CAPÍTULO 6 | COMPARTIENDO TU FE

- P: ¿Cómo somos salvos? Efesios 2:8-9
  R: Por gracia somos salvos

- P: ¿Para qué nos dará poder el Espíritu Santo? Hechos 1:8
  R: Para ser sus testigos

- P: ¿Qué tiene Dios que lleva a las personas al arrepentimiento? Romanos 2:4
  R: La bondad de Dios

- P: ¿De qué manera Dios valida el evangelio? Hechos 14:3
  R: A través de señales y prodigios, milagros

CAPÍTULO 7 | AMANDO A LAS PERSONAS

- P: ¿Qué cubre el amor? 1 Pedro 4:8
  R: Multitud de pecados
- P: ¿Dios esperó que hiciéramos lo bueno antes de amarnos? Romanos 5:8
  R: No, nos amó aun siendo pecadores
- P: ¿Qué intereses debes considerar primero? Filipenses 2:3-4
  R: Las necesidades e intereses de los demás

NOTAS

NOTAS

NOTAS

NOTAS